AF466198

DEMAIN!

PAR

EVARISTE PIMPETERRE

PARIS
E. DENTU, LIBRAIRE-ÉDITEUR
PALAIS-ROYAL, 17 ET 19, GALERIE D'ORLÉANS

1873

DEMAIN!

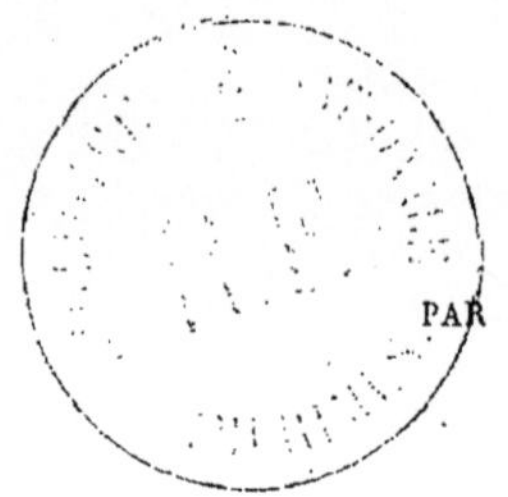

PAR

EVARISTE PIMPETERRE

PARIS
E. DENTU, LIBRAIRE-ÉDITEUR
PALAIS-ROYAL, 17 ET 19, GALERIE D'ORLÉANS.

1873

PRÉFACE

La France semble aujourd'hui imiter l'oiseau du désert qui, pour ne point voir le danger, cache sa tête sous ses vastes ailes.

La France, au lieu de compter les périls qui l'environnent, de les regarder en face, en fait de même. Elle semble n'avoir de regards que pour les grains de sable groupés sous ses ailes.

La France s'amuse, comme on disait autrefois du Roi. Elle se presse aux vieilles pièces nouvelles. Les acteurs de la rue Richelieu, les orateurs du théâtre de Versailles, les bons mots et les racontars des gazettes forment tout son cercle de petit sable. Les journaux politiques ne lui parlent ni de sa grandeur passée, ni des luttes qui l'attendent encore. Ils se font la guerre sur le dos de quatre ou cinq personnalités qu'ils opposent sans cesse l'une à l'autre. Hors de ceci, rien !

Et, cependant, l'ennemi est là, toujours là ! Mais qu'importe ? Est-ce que Marion et le drame du jour ne suffisent pas aux Parisiens? Qui élèvera la voix dans cet éternel abandon de soi-même et de la Patrie ? Qui rappellera les Français à leurs devoirs? Autrefois, quand nous occupions Berlin, sous les regards mêmes de nos troupes, les professeurs de l'Université prussienne faisaient des conférences sur les moyens de nous vaincre. — Nous nous amusons en 1873 à conférer sur le drame en vogue.

Il faut que cet état de choses cesse et que nous devenions plus sérieux et plus patriotes.

D'ailleurs, qu'est notre lendemain ? Envisageons-le avec calme et répondons !

Après M. le Président actuel de la République, qui aurons-nous ?

En Amérique, lors de la fondation de la République, il y avait une pépinière d'hommes autour de Washington. Où est notre pépinière ?

Où sont nos hommes ?

Trop souvent trompé, le peuple ne croit plus aux réputations du jour. Il regarde, il cherche. Naguère tout occupé de ce que faisaient ses tribuns qui l'ont précipité dans les désastres, il se demande s'il ne lui viendra pas un secours de plus haut. Il se dit qu'après tout, la Monarchie ancienne, battue quelquefois, avait toujours fini par rejeter l'ennemi hors du territoire. Il cherche des chefs responsables et que le moindre vent n'abatte pas.

Parcourez les campagnes, les villes, vous remarquerez ce mouvement de recherche et d'inquiétude.

Il est évident que si les Princes d'Orléans, qui sont tous soldats, qui ont payé de leurs personnes en Afrique et en France, au lieu de s'ensevelir dans leur profonde modestie, parlaient, écrivaient, agissaient, bientôt le courant populaire se tournerait de leur côté. La résistance future à l'étranger et aux folies, qui malheureusement chez nous ont accompagné toujours la République, aurait un centre.

Si la faible parole de celui qui écrit cette brochure pouvait décider les Princes, non pas à se conduire en prétendants, ce que nous ne leur demandons pas, mais en protecteurs futurs des vœux de la conscience publique, il croirait avoir beaucoup fait.

Que faut-il pour les bons combats pacifiques de la raison : des chefs sur lesquels il n'y ait rien à reprendre et qui aient la confiance de tous !

Qui la possède, si ce n'est ceux que l'on n'a vus dans aucun trouble et qui ont quitté la France en 1848 plutôt que d'y être des sujets de guerre civile?

E. P.

DEMAIN!

I

A la bataille de l'isle d'Ouessant, en 1778, le duc de Chartres (Louis-Philippe-Joseph), qui commandait l'escadre avec Lamothe-Piquet, lui dit : « Vous êtes plus ancien que moi, à vous de commander. » Il ne s'en fit pas moins habiller, comme pour un jour de fête, à Versailles : habit richement galonné, veste blanche, croisée par le grand ruban bleu, et monta ainsi sur son banc de quart. Lamothe-Piquet lui représenta qu'il allait servir de cible à l'ennemi. — « C'est ma place et mon droit, » répondit-il ; et tant que dura l'affaire, il ne quitta pas un instant sa position.

Les Princes d'Orléans ont toujours fait ainsi : à Jemmapes, à Valmy, aux Bibans, à Constantine, à Setif, au Maroc, et jusqu'à cette armée de la Loire, où on voulut les empêcher de servir.

Mais leur bonté est aussi proverbiale que leur courage. En 1848, on conseillait au roi Louis-Philippe de sortir de Paris et d'y rentrer comme l'a fait plus tard M. Thiers, en vainqueur ; il refusa. Mgr le duc d'Aumale, qui pouvait résister en Algérie, où l'armée lui était toute dévouée, quitta son commandement plutôt que d'engager une lutte, dans laquelle il aurait eu toutes les chances de victoire.

Cette bonté des Princes d'Orléans encourage, malheureusement, leurs ennemis, et risque parfois de décourager leurs amis. C'est pour cela que l'auteur de cette brochure ose prendre aujourd'hui la parole contre eux.

Autrefois, on disait : craignez les forts. Il va falloir changer cette vérité, car le plus grand argument de M. Thiers pour demander des pouvoirs à la Commission de Constitution, c'est qu'il n'est qu'un *petit bourgeois*. S'il était né *prince* et qu'il fût couvert par l'illustration de sa race, il pourrait se résigner, dit-il, à n'être qu'un président nominal.

II

Cette spirituelle parole du Président de la République nous représente un éclair dans la sombre nuit, et chacun, selon nous, doit profiter de la leçon.

C'est surtout un avis pour les princes, qui, depuis qu'ils sont rentrés en France, ont bien voulu se résigner à un rôle tout passif. Jamais on ne les voit se mêler activement à la politique ; à part le discours de Mgr le duc d'Aumale sur l'armée, ils n'ont fait aucun acte dont le public ait eu à s'occuper. Il semblerait que leur qualité de prince leur suffise, et M. Thiers, en disant que lui, petit bourgeois, est obligé de se rehausser par l'action et par l'exercice du pouvoir, leur donne, à ce qu'il semble, une leçon indirecte.

III

Nous ne sommes pas dans la politique ni dans un seul des secrets de MM. les Princes d'Orléans. Nous ignorons si leur silence et si leur inaction sont calculés. Mais, étant de ceux qui ont le plus applaudi à leur rentrée, nous leur devons la vérité (1). L'heure est venue où la France a un intérêt décisif à savoir ce que peuvent, ce que veulent ceux en qui, à un titre ou à un autre, elle a mis sa confiance.

Les républicains extrêmes ne se cachent pas pour montrer leurs prétentions. M. Gambetta, dans ses promenades en Savoie, a dit qu'il fallait faire surgir de nouvelles couches sociales. MM. Challemel-Lacour et Ferrouillat n'ont rien dissimulé de leurs pensées favorables à la Commune de Lyon. Ils ont presque affirmé le drapeau rouge.

La droite de l'Assemblée ne cache pas non plus ses intentions. La Commission des Trente, présidée par M. de Larcy, un de ceux

(1) Voyez notre brochure intitulée : *L'Avenir de la France.* Lettre à MM. les Princes d'Orléans. 1872.

qui sont allés, autrefois, à Belgrave-Square, montre son éloignement pour les violences et pour les dictatures de la République radicale. Elle cherche à ramener M. Thiers vers la majorité et à l'empêcher de pencher trop vers la gauche.

Les légitimistes n'hésitent pas, de leur côté, à montrer leurs espérances. Ils vont et viennent entre Paris et Frosdorff, et les biographies d'Henri V couvrent toute la France.

IV

Seuls, les orléanistes, qui forment dans le pays une masse s considérable, et qui sont représentés à l'Assemblée par tant de noms connus, ou bien se tiennent dans des généralités, ou bien semblent déserter l'arène. Les Princes aussi gardent une attitude toute passive. A part la lettre de M. Gauthier, l'un des secrétaires de Mgr le duc de Nemours, sur la fusion, nous n'avons rien d'eux depuis un an.

On me permettra, à moi qui, sous l'Empire, ai affirmé l'un des premiers, ma foi dans leur cause, de m'étonner à cet égard (1). Leur réserve est-elle le résultat d'une tactique? Croient-ils que leur qualité de Princes les condamne à l'inaction et au silence, et que les petits bourgeois seuls aient intérêt à parler de tout, sur tout et à propos de tout?

(1) *Le comte d'Eu et la France nouvelle dans l'Amérique du Sud.* 1869.

V

Qu'ils veuillent bien me le pardonner, mais je ne crois pas que ce soit là une conduite logique et prudente. La nation leur a rouvert spontanément ses portes ; ils se doivent à elle.

Ne voient-ils pas toutes les inquiétudes de la France raisonnable et saine ? Ne vient-on pas de présenter un projet de loi pour la fin des pouvoirs de l'Assemblée ? Les hommes de Septembre et d'Octobre 1870, quelques-uns de ceux d'Avril et de Mai 1871, cachent-ils leurs espérances ? Lisez le *Rappel*, la *République* et d'autres feuilles audacieuses. Ces journaux hésitent-ils à annoncer que l'heure des réparations va venir pour ceux qui ont succombé dans leur sauvage rébellion ? A les entendre, aucun des membres de la droite ne sera renommé, et le Dauphin rouge, M. Gambetta, succédera forcément à M. Thiers !

Or, voyez-vous la France livrée encore une fois aux hommes des marchés de Paris, de Bordeaux et de Lyon ! aux précurseurs de la Commune ! Imaginez-vous les conséquences de la rentrée de Rochefort et des transportés de la Nouvelle-Calédonie ?

Ce serait à fuir pour jamais un pays qui serait ainsi livré à la fureur des sectaires que l'on connaît, et dont les meilleurs républicains seraient probablement les premières victimes !

VI

Le silence est d'or sans doute ; mais la France a besoin d'être rassurée. Elle ne veut pas de drapeau rouge ; elle ne veut pas de convulsions nouvelles. Il est évident que les Princes ne peuvent en vouloir non plus ; ni M. Gambetta au pouvoir, ni M. Challemel-Lacour, ni M. Ferrouillat ne les laisseraient longtemps à Paris, ou à Chantilly !

Les hommes qui ont refusé au prince de Joinville et à Robert le Fort l'honneur de défendre le pays envahi, n'y tolèreraient pas une seule minute un seul d'Orléans.

Donc, il est nécessaire de prendre dès aujourd'hui une attitude ; il est nécessaire de parler, d'agir, de rassurer les populations, de donner des points d'appui à ceux qui sont décidés à mourir plutôt que de subir encore une fois les atrocités de la prétendue Commune de 1871.

Le temps passe avec une rapidité désespérante ! La démagogie qui n'a pas désarmé, le met à profit, à Marseille, à Lyon, à Bordeaux, partout l'autorité est obligée de sévir ; à Paris, elle maintient l'état de siége, et pour cause. Nous en verrions, nous en lirions de belles si l'armée ne veillait plus sur la tranquillité de la société.

VII

Certes, ce n'est jamais moi qui conseillerai aux Princes de se conduire en factieux, d'agiter l'opinion, de faire une propagande dont ils n'ont aucun besoin.

Ce que leur demandent leurs amis, c'est qu'ils se tiennent en communication avec la France, qu'ils la rassurent au sujet de l'avenir, qu'ils se proclament prêts à lutter avec elle contre les hommes des nouvelles couches sociales dont la nécessité absolue a été annoncée par M. Gambetta.

On nous répondra que cela va de soi, que cela n'a pas besoin d'être dit! Hélas! en France, il faut s'affirmer et s'affirmer sans cesse! Voyez l'homme de Strasbourg et de Boulogne, que ses partisans ont encore essayé d'affirmer dans la tombe! Voyez les promenades en Savoie de M. Gambetta; les discours de ses amis de Lyon; dissimulent-ils quelque chose de leurs projets? Mgr le Comte de Chambord, qu'à Dieu ne plaise, je ne rapproche pas de pareils ambitieux, diminue-t-il une seule de ses prétentions?

M. Thiers ne dit-il pas à tout propos, je veux, j'entends, j'affirme? Ne s'occupe-t-il pas à la fois de discours et de canons, de tarifs douaniers et de constitution? Laisse-t-il passer un seul moment sans occuper la France de lui? N'est-il pas non-seulement universel mais infaillible? Si vous votez que je me trompe, répète-t-il à chaque instant à la majorité, je me retire.

VIII

Que les Princes sortent de leur réserve ! Le temps est venu, l'heure le demande. Les sujets abondent. Pourquoi Mgr le Comte de Paris, qui a fait des études sociales si profondes, n'en propage-t-il pas les résultats ?

L'armée souffre en silence. Autrefois, à chaque solennité, un nombre considérable de promotions se lisait au *Moniteur*. Le nouvel an est passé depuis plus d'un mois, et sous-lieutenants, lieutenants, capitaines, ne voient rien venir ! Mgr le duc d'Aumale ne pourrait-il dire un mot qui hâte ses avancements obligés ? La France s'inquiète de sa marine ; pendant la guerre, les marins ont fait merveille sur terre, ils ont été admirables dans les combats sous Paris ou ailleurs. Mais pourquoi nos vaisseaux n'ont-ils rien pris, rien détruit aux Prussiens ? c'est encore une énigme pour le pays qui comptait tant sur les flottes cuirassées. Mieux que personne Mgr le prince de Joinville pourrait nous éclairer à ce sujet. Nous étions la seconde puissance maritime. A quel degré en sommes-nous maintenant ?

On dit Mgr le duc de Nemours un des plus habiles diplomates qui soient, et personne, affirme-t-on, ne connaît mieux que lui l'Europe. Il pourrait nous faire savoir où nous en sommes de nos alliances, puisque le gouvernement ne nous en dit rien.

Nous vivons, aujourd'hui, il faut bien oser le dire, comme dans un four, au sujet de ce qui nous intéresse le plus. On discute à l'Assemblée sur les marchés, sur le plus ou moins de pouvoir que le Président de la République aura ou n'aura pas. Mais nos affaires extérieures, où en sont-elles ? Pouvons-nous espérer avoir un allié ? Nos affaires intérieures, que deviennent-elles ? Reconstruit-on nos forteresses ? On tire le canon à Calais, mais cela ne nous dit pas si on fond des pièces nouvelles, si on met nos arsenaux en état. On raconte pis que pendre des incuries du régime impérial. Mais nous aimerions encore mieux savoir si nous avons des fusils meilleurs que par le passé, de la poudre en suffisance, et de bons, de vrais marchés faits à toute occasion.

IX

Nous avons vu à l'œuvre les hommes du 4 Septembre, et leur histoire nous a remis en mémoire un passage des récits du bon Sénéchal de Champagne. Saint Louis le chargea de rapporter en France un certain nombre de pièces de camelot pour habiller des religieuses. Le bon Sénéchal les transmit à la reine par un sien chevalier ; celui-ci les fit porter au palais. La reine voyant un si gros paquet arriver de Palestine, crut qu'il contenait des reliques et qu'il ne pouvait venir de ce pays que des objets de sainteté.

Elle se mit à genoux devant l'envoi de son mari. Le messager eut grand'peine à la relever et à lui faire comprendre que ces caisses ne contenaient que des camelots.

Au 4 septembre, on a cru en France que de la République devraient nécessairement surgir des victoires. La légende républicaine représentait tous les républicains comme des héros. Il a fallu les événements pour dessiller les yeux et établir que tout ce qui vient de la révolution n'est pas précisément un précieux amas de reliques.

La reine rit beaucoup, dit l'historien quand elle connut sa méprise. La France, au contraire, a beaucoup pleuré, quand elle a vu la faiblesse de ceux sur lesquels elle avait compté, et qui lui ayant promis le triomphe, lui laissaient la honte, la défaite et la guerre sociale.

Il ne faut pas que pareille méprise se renouvelle. C'est pourquoi nous adjurons les Princes de se mêler aux affaires, d'éclairer le pays, de former un centre de résistance contre de nouvelles folies dont ils seraient les premières victimes.

X

Le Sénéchal de Champagne nous raconte encore une autre anecdote :

Débarqué à Hyères, retour de la première croisade, saint Louis eut besoin de chevaux pour faire route avec ses compagnons sur Paris, et on en chercha partout. Le prieur d'un couvent des environs lui envoya deux mules magnifiques, et le lendemain se présenta à l'audience du roi qu'il entretint pendant plusieurs heures, des affaires de son couvent.

Le Sénéchal enrageait. Quand le prieur fut parti :

— Sire, dit-il au roi, si ce bavard ne vous avait pas offert deux mules, l'auriez-vous écouté aussi longtemps?

Le roi en convint.

— Eh bien! dit le vieil historien, si Votre Majesté écoute si bien un prieur bavard pour deux mules, que voulez-vous que fassent les petits juges du royaume vis-à-vis de leurs plaideurs ?...

Il ne faut pas que les Princes d'Orléans s'exposent à s'entendre dire qu'ils gardent le silence ou l'inaction parce qu'une habile prudence leur a rendu les biens qui leur appartenaient.

Un démocrate qui tient beaucoup des communards, nous disait l'autre jour : « Les biens d'Orléans ! Quand les princes les auront remis en état, nous serons là pour les reprendre. » Il faut déjouer ce calcul et beaucoup d'autres du même genre.

Certes, nous le répétons, nous ne conseillerons jamais aux Princes d'être des factieux. Mais qu'ils veillent, qu'ils se préparent, qu'ils ne s'endorment pas à *Capoue !* nous attendons d'eux un programme. Qu'ils montent au banc de quart comme leur aïeul à Ouessant, comme ils y ont déjà monté et veillé pour leur propre compte. La France a les yeux fixés sur eux. Elle prévoit les tempêtes ; elle redoute les ennemis intérieurs et les ennemis extérieurs.

Un vieux soldat me racontait dernièrement le passage des Portes-de-Fer en Afrique. « Tu n'as pas eu peur, lui dis-je, en voyant toutes les hauteurs couronnées de ces milliers d'Arabes, que tu me dépeins comme si terribles ? — J'en avais bien envie, me répondit-il, mais je regardais le duc d'Orléans qui braquait tranquillement sa lunette sur le groupe d'où venaient le plus de coups de fusil, et je pensai que puisqu'il n'était pas plus effrayé que cela de la fusillade, lui qui avait si gros à perdre, moi, pauvre troupier, j'avais encore bien moins à craindre. »

Le raisonnement des vieux soldats d'Afrique est généralement celui du peuple. Il lui faut des chefs visibles et tangibles qui ne délibèrent pas seulement dans les hôtels de ville, mais que l'on sache prêts à monter à cheval pour donner l'exemple et passer les premiers les portes de fer du danger !

Vous avez tous fait vos preuves, Princes ; les honnêtes gens ne demandent pas mieux que d'être avec vous quand vous vous affirmerez de nouveau,

XI

Tout annonce d'ailleurs, suivant l'expression de Montaigne, un grand *remuement dans le monde.* Rien ne semble y être à sa place. Lamartine disait dans son langage poétique en 1836 :

« Un tremblement de trône a secoué les rois. »

Ce n'est plus un tremblement de trône qui secoue l'univers, c'est un tremblement d'idées. Les plus folles sont celles qui, momentanément, ont le plus d'attraits. Le monde ne raisonne plus, il subit des courants souvent inexplicables. Qui le dirigera, qui lui en montrera du moins la route? La vérité de la veille n'est plus celle du lendemain, ni en matière de science ni en matière politique.

Le pape, après avoir été chez lui tant de siècles, est maintenant chez le roi de Piémont, devenu, par la grâce de l'empire d'abord, et de la Prusse ensuite, roi d'Italie. L'Allemagne n'est plus en Allemagne, elle est tout entière en Prusse ou à la Prusse. Celle-ci, qu'autrefois une bataille d'Iéna suffisait à abattre, est devenue le vrai empire germanique.

L'autre empire allemand, l'Autriche, n'existe plus que par la Hongrie et les dépendances non allemandes.

La malheureuse Espagne tourne sur elle-même comme l'aiguille d'une boussole affolée, tantôt au pôle d'une royauté mitigée, tantôt à celui d'une république impossible. Elle rejette les rois qu'elle a adoptés par le même nombre de voix qui les ont accueillis. Deux ou trois nations, à peine, sont sages... du moins jusqu'ici.

XII

Quant à la France, qui est-ce qui peut se flatter de savoir ce qu'elle veut ? Elle a adopté le suffrage universel à ce qu'il semble, pour être à même de changer plus souvent.

Ce brave suffrage universel devant lequel tout le monde s'incline ne connaît pas même tous ceux qu'il nomment. Aucun électeur parisien ne saurait dire le nom des quarante-quatre députés qu'il a élus. La même majorité qui acclama l'Empire se laissa entraîner à des votes pour la Commune. Le peuple, prétendu souverain, se déjugerait vingt fois par an, s'il en avait vingt solennelles occasions. Il n'a pas plus tôt nommé une Assemblée, qu'il pétitionne pour qu'elle s'en aille, ne pouvant la chasser parce qu'elle a la prudence de ne se pas mettre sous sa main.

Voilà l'état des choses. La loi a été si bien faite que l'électeur parisien a quarante-quatre fois le droit de suffrage. L'habitant des Basses-Alpes ne l'a que quatre fois. On parle d'égalité devant la loi, et c'est la loi elle-même qui crée ces inégalités.

Où ces belles choses peuvent-elles nous conduire ? Où elles nous ont conduit déjà, aux troubles civils, à ce que l'on nomme une révolution et à ce qui n'est en réalité que des évolutions sanglantes.

Dans de telles circonstances, ce ne serait pas trop de l'unanimité des saines raisons, des francs courages et de toutes les probités.

XIII

Mais il faut un centre ! Où le trouver ?

Après les guerres des Anglais qui avaient démembré la France et qui l'avaient couverte de troubles civils, la nationalité française se rallia franchement à la royauté de Charles VII et de ses successeurs, et l'on eut un siècle de paix intérieure.

Les luttes civiles recommencèrent avec les guerres de religion qui amenèrent en France l'Espagne et la Ligue. Après quinze ou vingt ans de combats, on se rallia autour de la royauté du Béarnais, et l'on eut un siècle de paix intérieure relative sous Louis XIII, sous Louis XIV et Louis XV, qui eurent le bon esprit de se passer de Paris.

Les Parisiens en révolution allèrent chercher de force le roi Louis XVI à Versailles. La royauté tomba, et nous eûmes encore presque un siècle de guerres, de troubles, de renversements de gouvernement, dix ou douze constitutions successives aboutissant à la Commune, ce renversement de toutes les constitutions et de toutes les lois.

Il faut espérer qu'un nouveau siècle de paix succédera à ce

siècle de changements. Mais pour que cette expérience se réalise, il faut tous s'y mettre, il faut tous demander à rentrer dans un état normal, en finir avec ces théories qui n'ont rien de vrai et rien de favorable au développement de l'esprit humain, notamment avec la théorie de l'infaillibilité des masses en révolution.

Les volcans qui lancent des flammes et des laves ne sont pas, que je croie, des éléments de civilisation. Au lieu de dire : gloire au Vésuve et aux Etna populaires, il faut dire : place à la paix, à la tranquillité, aux études, au bon sens. Au lieu de proclamer les dogmes du nombre changeant et inconscient, il faut rechercher les lois suivant lesquelles le progrès politique peut se faire sans secousses.

XIV

Princes, écoutez la voix d'un homme désintéressé qui voit et qui écoute.

La France est lasse de tous ces changements par lesquels on la force de passer. Elle veut jeter l'ancre pour quelque temps loin de cette mer agitée dans laquelle on la promène.

Faites-lui entendre des conseils, des encouragements. Montrez-vous à elle unis pour le bien général.

On parle d'une fusion !

Pourquoi ne la ferait-on pas ?

Après les guerres des Anglais, il a bien fallu une fusion des intérêts et des classes autour de Charles VII et de Louis XI représentant la royauté victorieuse de la féodalité.

Après les guerres de religion, il a bien fallu une fusion des ambitions protestantes et des ambitions catholiques, et des compétitions de famille dans la personne de Henri IV.

Après les sanglants événements de 1793, il a bien fallu une sorte d'accord politique pour fonder ce consulat qui, malheureusement, dégénéra en empire.

Aujourd'hui, il faut une fusion vraie des intérêts monarchiques et de ceux du peuple.

Si Henri V représente surtout la royauté traditionnelle, vous représentez davantage la royauté élective et constitutionnelle. Ces deux principes ne s'excluent pas.

Vos deux drapeaux ont eu leur gloire. Ils ne s'excluent pas non plus et peuvent ainsi ne faire qu'un. Il ne s'agit que de s'entendre. Est-ce que Henri IV n'a pas reconnu que Paris valait bien une messe ? Le salut de la France ne vaut-il pas un sacrifice naturel des causes royales ?

Je n'ai rien au surplus à vous conseiller sur ces points délicats. Laissez parler vos cœurs, et la France sera sauvée, car il est probable qu'avec un peu de paix et de lendemain, elle laisserait enfin parler la raison.

Déjà M. Thiers vient de faire entendre sa voix prophétique.

« Je suis Président de quoi ? — a-t-il dit dans son dernier discours, — de la République, non pas, entendons-nous, de la République définitive, mais de la République qui existe depuis deux ans avec votre assentiment, et cette République ne durera que si elle est conservatrice. »

Or, en France, songer à une République conservatrice quand on a eu la Commune et 1793, c'est de l'utopie pure.

Il n'y a qu'une vraie République conservatrice possible, une bonne monarchie comme celle de l'Angleterre, fondée par des Princes honnêtes et aimés de tous.

Paris. — Typ. Rouge frères et Comp., rue du Four-St-Germ., 43.

6

www.ingramcontent.com/pod-product-compliance
Ingram Content Group UK Ltd.
Pitfield, Milton Keynes, MK11 3LW, UK
UKHW020224200726
13856UKWH00004B/1595

9 782011 769916